池坊いけばな作品集

池坊専永 監修
森部 隆 著

華浪漫

森部隆作品集『華浪漫』によせて

華道家元四十五世 池坊専永

　森部隆教授は、その明るく朗らかな人柄が人気で、日本各地で開催される研究会や講習からの派遣要請も多いと聞きます。また、軽快な語り口調は聞く者にやる気を持たせ、特に身ぶり手ぶりによる踊るような立花正風体の解説は、初めて挑戦する人でさえ簡単に立てられそうな気になるそうです。

　難しいことを難しく感じさせないことは、いけばなでは大切なことです。特に花材に無理をさせているとき、そこに苦労の跡が出てきます。一本の木、一輪の花であっても、自然の草木に翻弄（ほんろう）される人間の弱さをいけばなは教えてくれます。この弱さを克服するため、先達が書き残した技と知恵が伝書です。

　このたび刊行される『華浪漫』では、日本最古の花伝書といわれる『花王以来の花伝書』の世界に触れています。はるか昔の花伝書を知り、技を学び、稽古を繰り返すことが、苦労を感じさせない作品を生み出します。

　この作品集を手に取られた方には、森部教授のよどみのない草木の扱いを感じ取り、自己の稽古の励みとしていただきたいと思います。

はじめに

　花とともに歩んだ50年。私が出合った感動の原点はいつも池坊いけばなでした。

　日本には四季があり、それぞれに咲く美しい草木と人の営みがあります。古くより私たちは儀式や饗応だけでなく、日常の中に感性や知恵を巡らし、いけばなを取り入れてきました。懐かしさと新しい発見に溢れる世界は人を癒やし、また力づけてくれる……まさに花の力がそこにはあるのです。

　昨今、人口知能の研究が急速に進み、人を超える新たな技術が次々と登場していますが、どんなに時は移れども美の本質と人の思いは普遍です。

　池坊いけばなには、人でしか伝えられない面授の力があると私は確信しています。

　この本では『花王以来の花伝書』の作品と、四季の立花・生花・自由花による二部構成としました。

　特に『花王以来の花伝書』は私にとって初めての試みでしたが、いけばな成立期の理論や背景に学びが多く、今後も研究を続けていきたいテーマです。皆さまの研さんの一助になれば幸いです。

　最後になりましたが、このたびこのように貴重な機会をお許しくださいました池坊専永宗匠、池坊専好次期家元、池坊雅史事務総長には心より御礼申し上げます。

　また、制作にあたりましてご尽力いただいた日本華道社の皆さま、カメラマンの木村尚達さま、応援してくれた花友の皆さまにも深く感謝いたします。

昇り龍

映画『花戦さ』の劇中で、天下平定を目指す織田信長の居城、岐阜城に立てられた大砂物。
「この松は何だ」の問いに「昇り龍でございます」と答える池坊専好。圧巻の大作である。
花の力は己の力。作品では浩然の気を養う機会に感謝し、伸び伸びと広大に天へと昇る松を立調した。

砂物

Contents

発刊によせて ……………………………… 3

はじめに ………………………………… 4

『花王以来の花伝書』を今にいける ……… 9

四季をいける　春 ………………………… 36

　　　　　　　夏 ………………………… 60

　　　　　　　秋 ………………………… 92

　　　　　　　冬 ………………………… 112

『花王以来の花伝書』を今にいける

『花王以来の花伝書』

室町時代に記されたもので、現存する最古の花伝書です。置き生だけでなく、釣りや掛けの花も描かれており、今日同様、暮らしの中で花を楽しんでいたことがわかります。また、行事や生活の節目における花などもあり、当時はさまざまな機会、場所に花が添えられていたようです。

Kaohirai-no-kadensyo

Kadensho, a book of flower tradition, which is perhaps the oldest in existence, written during the Muromachi period. The book describes not only Okiike style (flower arrangements that are placed directly on tokonoma, table or other solid surfaces) of ikebana but also the hanging and suspended styles. We can see that people enjoyed the sight of flowers as part of their normal daily lives. It also introduced flowers as a decorative display to use at events or memorable occasions.

花王以来之花伝書

室町時代的文獻，是現存最古老的花傳書。書中不僅描繪了端置於座的形式，也有垂釣與懸掛的花姿，古人也同我們一樣，在生活裡享受花帶來的樂趣。另外，也有為了節慶所插的花，可見當時在各種場合，都有以花添彩的習慣。

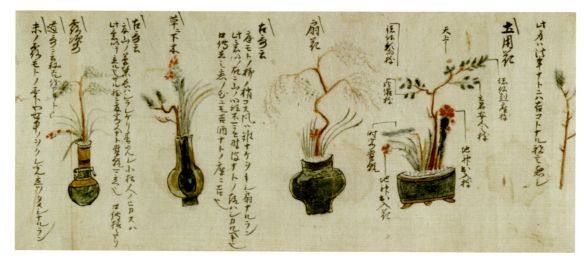

紙本着色　室町時代　池坊総務所蔵
Color on paper　Muromachi Period　Ikenobo Floral Art Headquarters

『花王以来の花伝書』についての一考察

　『花王以来の花伝書』は日本最古といわれる花書で、巻末には文明18年(1486)、明応6年(1497)、明応8年(1499)の年記が見られる。相伝は、花王―池坊―同宰相公―秀海―秀誠となっており、これを立蔵坊という者が校閲したという。

　内容は難解で、相伝者に名前を連ねる二名の池坊も誰を指すのかはよくわからない。しかし、この最古の花書が家元に伝わることこそが意味深いといえる。池坊は華道の家元であり、最古の歴史を持つ。故に、最古の花書があっても不思議ではないからである。

　さて、奥書によると、「池坊宰相公」が文明18年に「秀海」へ同花書を伝授したという。となれば、残る年記と相伝の系譜から、明応6年か8年に秀誠へ伝授。それを立蔵坊が書写校閲したということになろうか。

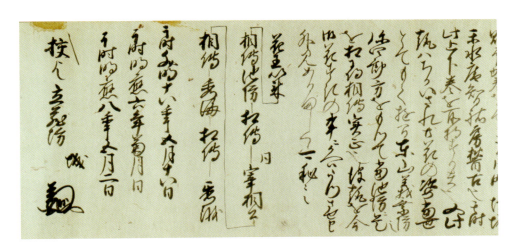

　相伝された年代から当時の執行を探ると、池坊専応の名が浮かぶ。しかし、専応の生没年は文明15年～天文12年(1483～1543)であり、最初の相伝年が文明18年であるため、ここに記されている2名の池坊は専応以前の執行と考えられる。

　『花王以来の花伝書』の奥書には、相伝の系譜とは別に、「古池坊」「池坊宰相公」「当池坊」の名も見られる。「池坊宰相公」は系譜と同表記であることを踏まえると、系譜に出てくる「池坊」は「古池坊」となる。

　「当池坊」については、奥書に次のようにある。

　　花の姿当世とてもて遊へる東山義乗坊弥四郎方をもつて、当池坊ニ是を相尋
　　(花伝書の花の姿が「当世」風ではないため、「当池坊」に問い合わせた)

まとめると、相伝は次のようになる。

花王―池坊（古池坊）―池坊宰相公―秀海―（当池坊に問い合わせの上）―秀誠

この点、山根有三氏は、享禄3年（1530）の奥書を持つ『池坊専応口伝』に記されている専慶・専承・専誓・専応と続く系譜を元にしながら、「古池坊」＝専慶、「池坊宰相公」＝専承、当池坊＝専誓と推察している。

また『華厳秘伝之大事』という成立年、著者共に不明な一書が家元にある。江戸時代初期に書写されたと推察されるが、ここにも「当池坊」が出てくる。

　　当池坊の長享先年の末文明十九年六月廿四日より七月十四日まて三七日高野に参籠有て、奥の院にて手向の花とも数瓶立るよりして当世と号して、初日はしりまハり、草木をも嫌ハす春夏秋冬との分明をもあらはさす、只似合たる物にそれぞれをとりて合せ面白からんハ譜(しるし)たるへしと也、

これによると、文明19年（1487）に「当池坊」が高野山奥の院に参籠して花を立て、「当世」と号したという。時代は『花王以来の花伝書』の年記と符合する。

また、花は、草木を問わず、季節の区別もしないで、ただ似合うものを取り合わせたとある。ここで『池坊専応口伝』の有名な冒頭の一節が思い出される。

　　瓶に花をさす事いにしへよりあるとはきき侍れど、それはうつくしき花をのみ賞して、草木の興をもわきまへず、只さし生たる計なり

「当池坊」の花の記述を見ると、この『池坊専応口伝』が批判する「いにしへよりある」花が、まるで当てはまるかのように感じられる。しかし、『池坊専応口伝』序文の原案ともいうべき『老の春』（池坊総務所蔵）が専誓によるものであることや、『池坊専応口伝』の続く文言に「この一流は」として、池坊の花は他とは違うという点を挙げていることを考えると、「当池坊」の季節の区別をせず、ただ似合うものを取り合わせたという花の真意は他にあると考えられる。恐らくそれは、今日にも通じる、何にも捉われず、直感を大切にして草木に接する姿勢ではないだろうか。

さて、『花王以来の花伝書』『華厳秘伝之大事』の、「古池坊」「当池坊」の記述から、『花王以来の花伝書』の内容が「古池坊」のものであることがわかったのだが、ここで気に留めておきたいのは、「古池坊」から「当池坊」への転換があったことである。池坊の僧の名の初出となる『碧山日録』には、池坊専慶の花が絶賛されたことが記されているが、「古池坊」と目される専慶の、「当

世」風でない花がもてはやされたということは、当時の人々の美感もまた、「当池坊」のものと違ったと考えられる。ここに専慶の時代の花として『花王以来の花伝書』を見るとき、絵図が稚拙であることを差し引いても、立花を横から描いたような内容に違和感を覚える理由があるのかもしれない。

では、『花王以来の花伝書』を前時代的なものとして扱ってよいのだろうか。伝統とは、型や技術に宿るものの他に思想によるものがある。姿かたちが変わったとしても、精神性が保たれるものは伝統的である。『華厳秘伝之大事』でも、「古池坊」の花について、

　　　古流の中にても義理深事ヲハ当世にもすてず

としており、引き続きその奥深いところにあるものは大切にしていくように記している。

『花王以来の花伝書』の内容に目を向けてみよう。

冒頭は、「葉嫌枝之事松ニ不限」として好ましくない枝ぶり17種が図で示され、続いて作品の絵図とその解説が記されている。作品には、「土用花」「扇花」「露姿」「風姿」「愁歓姿」「中陰花」などのテーマが記されており、中には枝の一本一本の説明をしているものもあれば、作品全体の簡単な解説にとどまっているものもある。ここに見られる「〜花」「〜姿」の違いや、その並びの順、解説の有無に意味があるのかはよくわからない。

通覧するに、「中陰花」「仏供養花」「祈祷花」という仏教的なもの、「土用花」「ワタマシ（引越し）花」「聟嫁取花」「暇乞花」「人待花」という生活的なもの、「愁歓姿」「風姿」という抒情的なもの、そして「吹分花」「岸クツレ（崩れ）」「谷陰花」という風景的なものに分けられそうである。また、「床の柱花」「ツリ花」などの場所に合わせた花も収められている。バリエーション豊かなこれらの花に総じて言えるのは、暮らしと共にあるということ。日常を送っていく上での行事、人生の節目、生活環境、そして気持ちに寄り添う花の数々が『花王以来の花伝書』の花なのである。中でも「人待花」は何と人間的であろうか。「恋花トモ云」とされているこの花が立てられる前後には、きっとロマンチックな心の動きがあったと想像されるのである。

『花王以来の花伝書』の特色はまさにこの部分にあり、後に三具足の花を含めた座敷飾りによる花の発展とは、その性格を異にする。同朋衆が関わった座敷飾りは、中国から輸入された唐絵や唐物をどのように鑑賞するか、どのように並べるかというものである。この中で三具足や他の調度品と共に花を飾る方法が決められていったのだが、ここでの花の扱われ方は、主・従でいえば従となる。しばらくすると、花を主とした文書が書かれるようになるが、それは唐物主体であった「唐様」の花からの「和様化」とみてよいだろう。もちろん書院造という和風建築の中における座敷飾りを考えたとき、いかに唐絵・唐物を置こうと、いずれは和様化が進ん

だであろう。しかし、これが精神的和様化となると、何か契機となるものが必要なのではないだろうか。

　歴史的事実からいうと、同朋衆の中でも花を得意としていた者は、やがて池坊に吸収されていったことがわかっている。となれば、花における唐様からの和様化、つまりは日本の伝統文化としての発展は、やはり池坊の華道精神が関わっていると考えざるを得ない。

　実は『池坊専応口伝』にも、座敷飾りの図を附するものがあり、花に関する記述も、同朋衆の文阿弥による花伝書と通じるところがある。花についての記述では同様ともいえる部分がありながら、『池坊専応口伝』が華道史上最重要視されるのは、その序文に華道の精神性が説かれているからである。この華道精神の宣言が、和様化への契機であったならば、やはり『花王以来の花伝書』の意義は大きいといえる。なぜならば、『花王以来の花伝書』は先にも述べた通り、その花が日本人の暮らしとともにあり、充分に「和様」であったからである。

　「古池坊」から「当池坊」への転換は、「和様」から「唐様」への転換であったかもしれない。それにより、形の上では同朋衆と同じような花（「しん」と「下草」による立て花）になり、先に述べた「草木をも嫌ハす春夏秋冬との分明をもあらはさす、只似合たる物にそれぞれをとりて合せ」た花となった。しかし、「古流の中にても義理深事ハ当世にもすてず」に『花王以来の花伝書』に隠された「和様」による精神性を大切に受け継ぐことで、専応代に再びその精神性が回復され、いけばなは華道へと昇華し、真に日本の伝統文化たる礎が築かれたのだと考えられる。

　以後、唐様であった立て花が和様の精神を宿し、独自の発展を遂げて、いけばなで初の様式となる「立花」誕生へとつながっていったことは、歴史が示してくれている。

《参考文献》

花道沿革研究会 編『花道古書集成』（思文閣　1970）

続花道古書集成刊行会 編『続花道古書集成』（思文閣　1972）

『古代中世藝術論』（岩波書店　1973）

大井ミノブ 編『いけばな辞典』（東京堂出版　1990）

山根有三『花道史研究』（中央公論美術出版　1996）

『いけばな美術全集』（集英社　1982）

『いけばな池坊 550 年記念誌 花の礎 歴史・支部編』（財団法人 池坊華道会　2012）

『いけばな池坊 歴史読本』（日本華道社　2016）

哥花

中央に天長地久の枝があり、「主君安全」「主人賞翫地神下草」
「諸神影向」「客人賞翫地神下草」などの名称が各枝に付けられている。
ここでは、天長地久の枝に常緑の針葉樹、下草には当季の草を用いている。

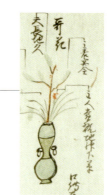

松、菜の花、小菊、まんりょう、ヤブラン
pine ／ field mustard ／ small chrysanthemum ／ Ardisia crenata ／ lily turf

扇花

柳の砂挿しで、誰かがそこに扇を置いたかのように、
柳のこずえを風がそよそよと吹き渡る表現である。柳の出生から水辺の趣がふさわしい。

柳、水仙、桃、松、苔
willow ／ narcissus ／ peach ／ pine ／ moss

ワタマシの花

新築や転宅の時に立てる花。火を連想する色の花材や「ひ」の字を冠とした名前の花材は用いない。
また、「季又ハアキノ花不可立」と書かれていて、
季節の過ぎたものや秋の花材を立てないのが習いである。

松、さんしゅゆ、山しだ、なでしこ、つげ、せきしょう
pine ／ Cornus officinalis ／ Dicranopteris linearis ／ pink ／ box tree ／ Acorus gramineus

祝言姿

中央に高く立つ枝に「吉枝」、他に「神吉」「露枝」「水持」
「煙返」「水ツキ」という名称がそれぞれの枝に付けられている。
現代でも祝いの席には花が付きものである。

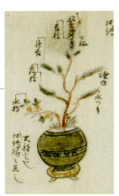

松、せんりょう、水仙、雪柳、ヤブラン
pine／Sarcandra glabra／narcissus／Spiraea thunbergii／lily turf

扇花

花合わせの後に催された遊興の席に花が立てられ、
それを鑑賞しながら酒が酌み交わされたという。傍書に「酒などの席に吉也」とある。
宴の席の花は、格段に美しく見える。

柳、水仙、松、せんりょう、菜の花、春ラン
willow ／ narcissus ／ pine ／ Sarcandra glabra ／ field mustard ／ Cymbidium goeringii

愁歎姿

草木の風情に託して心乱れる心情を表したものである。つらく苦しい時でも、当時の人々は花を立てることで、わずかでも明るい希望を持ち、明日に臨むことができた。時を超え、われわれにも優しさや愛を与えられてくるのが花であると思う。

ひのき、なでしこ、金葉でまり、ミスカンツス、黒ゆり
Chamaecyparis obtusa ／ pink ／ Physocarpus opulifolius 'Luteus' ／ Miscanthus ／ chocolate lily

聟嫁取花

「ヨメ取ノ時ハ左ヲ高ク右ヲ短可立候」と書かれている。
細やかな心配りを持って立てられたのであろう。

松、雪柳、桃、山しだ、ミスカンツス
pine ／ Spiraea thunbergii ／ peach ／ Dicranopteris linearis ／ Miscanthus

ツクエ花

当時の人々が、常に花と共に生活していたことがわかる作品。
ここには「大事口伝是アリ」として、「双紙ノ方ヘナヒクヘカラス能々口伝」と書かれており、左にある双紙と共に、作品が生かされるように配置する。

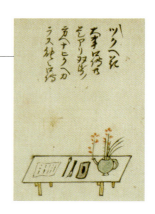

つつじ、ミスカンツス
Japanese azalea ／ Miscanthus

柱荘花

床柱とは異なる座敷の柱を飾る花である。
こずえの葉で柱を切らないように気を付けることが大切で、
その際「賞翫ノ方ニツルヘシ」とある。また「三月末マテモ梅アラハ可立」とあり、
当時は梅が重宝されたらしい。ここでは紅すももを用いている。

紅すもも、山なし、松
purple cherry plum ／ wild apple ／ pine

立分

野分が通り過ぎ、風のおさまった景観。
吹分花（P.32）の動的な表現に対して、立分は静的な表現である。

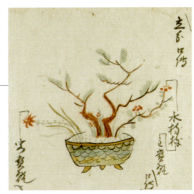

藤、りゅうきんか、黄葉こでまり、苔
Wisteria ／ kingcup ／ Physocarpus opulifolius 'Luteus' ／ moss

座ノ上ニツル花

「橋の花」とも呼ばれ、座の上に懸け渡すという意味で橋の姿に立てるといわれている。伝には「凡橋ノ姿ニ立ト在リ、水鳥ノ心得可有也」と書かれている。人の集う所には花があり、人々の心に語り掛けていたのであろう。

海棠、山しだ、アゲラツム、ばいも、わさび、ミスカンツス
flowering crab apple ／ Dicranopteris linearis ／ Ageratum ／ Fritillaria ／ Wasabia japonica ／ Miscanthus

片クツシノ花

天変地異で地崩れした陸地の姿を表したもので、
立ち枝の一方にのみ下草を用い、他の三方には何も用いていない。
左中段にある「水付枝」を水をのぞむ気持ちでなびかせて双花瓶の手法で立てている。

桃、オクロレウカ、姫ひおうぎ、苔
peach ／ Iris ochroleuca ／ Lapeirousia ／ moss

ツリ花

「座上中タゝミニ条ト三条トノ間ニツルヘシ」
また「下ヨリ花ノ姿ヨクヨク見へ侍ル様ニイケヘシ」とある。
当時は高く吊られた船を見て、人々はまだ見ぬ地に憧れの思いを抱いていたのだろう。

桃、菜の花、ミスカンツス
peach ／ field mustard ／ Miscanthus

岸クツレ

自然の猛威により崩れた川岸の表現。
片クツシが陸地を表しているのに対して、岸クツレは川岸や水辺を暗示する。
なびかせた枝の下には水草を、他の一方には陸物を下草にあしらっている。

しらびそ、つつじ、やまなし、かきつばた、なでしこ、姫ひおうぎ、苔
Abies veitchii ／ Japanese azalea ／ wild apple ／ Iris laevigata ／ pink ／ Lapeirousia ／ moss

長押花

座敷の柱に掛けて長押を飾る花「脇ヘハイカ程モナヒクヘシ」とある。
ここでは桜を流し、左には若葉の美しいこばのずいなを用いて対応している。
この花器は絵図とは異なるが、縦長で小ぶりのため現代の空間にも飾れそうである。

桜、こばのずいな、赤芽柳
Prunus ／ sweetspire ／ Salix

座ノ上ニツル花

「座ノ上ニツル花」は住居の場を広範に飾るものである。
ここでは 25 ページの海棠を藤にかえた。
季節の花は私たちに優しく語り掛けてくれる。

藤、都忘れ、山しだ、わさび、ミスカンツス
Wisteria ／ Miyamayomena savatieri ／ Dicranopteris linearis ／ Wasabia japonica ／ Miscanthus

聟嫁取花

木曽地方では吉野草刈り歌（草を刈るなら桔梗花残せ。桔梗は女の縁の花）が歌われている。
作品は、ききょう二輪の高さを変え、互いが向かい合うように配している。

ききょう、おみなえし、ヤブラン、山しだ、風草、かなめ、けいとう、まさき、松
Japanese bellflower ／ Patrinia scabiosifolia ／ lily turf ／ Dicranopteris linearis ／ Eragrostis ／ Japanese photinia ／ common cockscomb ／ Japanese spindle ／ pine

吹分花

野分が草を吹き分けて通った直後を表現したもので、
色づいた一枚の葉が強風で折れた瞬間を捉えて表した。

コスモス、夏はぜ、かるかや、おみなえし、千日小坊
Cosmos ／ Vaccinium oldhamii ／ Themeda ／ Patrinia scabiosifolia ／ Alternanthera porrigens 'Senniti-kobo'

クシ筒

「末ノ座ワキニツル花也　床ニモツルヘシ」とある。
室町時代には「掛ける」ことも「吊る」と同じように言い表されたようである。
この作品では、掛け籠にいけた紅白のひもげいとうが花入れと調和し、秋の軽やかな表現になっている。

ひもげいとう、つるうめもどき、まんさく
Amaranthus ／ Oriental bittersweet ／ Japanese witch hazel

人待花

人々の熱い心の動きを表現したもので、「恋花」ともいう。
「忍枝」「人シタウ枝」「心ウカレ草」「心乱」などの名称が各枝に付けられた。
現代に生きるわれわれにも共感できる立て花であろう。

うらじろ、秋明菊、寒すげ、つるうめもどき
Gleichenia ／ Japanese anemone ／ sedge ／ Oriental bittersweet

spring

人待ち桜

花といえば桜。日本人にとってはなくてはならない花である。
全山桜が開花した景色を一瓶に表すため、全体を大きめに立て、
常緑の松と紅白の椿を用いて華やかさを際立たせている。

Cherry blossom, the flower one most identifies with the Japanese people. The branches of the cherry tree stretch out broadly so that the whole work has the image of a mountain full of cherry blossoms. Evergreen pine and red and white camellia emphasize the splendor of the cherry.

談到花，非櫻莫屬。櫻花對日本人是必不可缺的。
為了在一瓶呈現滿山櫻花盛開的景色，所以整體較大，
並使用常綠的松與紅白茶花，增添引人目光的華麗感。

立花新風体　Rikka shimpu-tai
桜、松、菜の花、椿
Prunus ／ pine ／ field mustard ／ camellia

桃源郷

紅白の桃が主役。真、請に紅桃、胴に白桃を用いて上巳の節句に立てた立花正風体である。
桃を生かすために添える花材は色物を控え、葉のあるものを出合わせて際立てた。
後ろに用いたびわの葉二枚が空間を引き締めている。

立花正風体　Rikka
桃、こでまり、アイリス、オクロレウカ、とが、椿、菜の花、松、びわ、つげ
peach ／ Spiraea cantoniensis ／ iris ／ Iris ochroleuca ／ Southern Japanese hemlock ／ camellia ／ field mustard ／ pine ／ Japanese loquat ／ box tree

花信風

現代の生活環境では、小ぶりな作品が求められることが多い。
ここでは、大小色違いのフリージアをほとんどの役枝に配置している。
蕾も葉も生かした明るい花の色合いが、花器の色ともよく調和する。花の香りに誘われ、花信風が吹いてきそうだ。

春

立花正風体　Rikka
フリージア、オクロレウカ、鳴子ゆり、ヘリコニア
freesia ／ Iris ochroleuca ／ Solomon's seal ／ Heliconia

早春の乙女たち

アマゾンリリーの表情を見せ場とするため、類似した草木は用いていない。
この作品では、アマゾンリリーとは異なる、葉のきれいなオクロレウカを添えている。
オクロレウカを微妙にさばき、優美な乙女たちがほほ笑むような表情を出した。

立花正風体　Rikka
オクロレウカ、アマゾンリリー、こでまり、ヘリコニア、ゴッドセフィアナ、フリージア、玉しだ、ウーリーブッシュ、クロトン、メリー
Iris ochroleuca ／ Amazon lily ／ Spiraea cantoniensis ／ Heliconia ／ Dracaena ／ freesia ／ sword fern ／ woolly bush ／ croton ／ Asparagus 'Myers'

告白

一輪の花を添えて和歌を詠む。
いにしえの都人に倣い、ここでは薄いピンクのランを主に、形や動き、色もシンプルに全体を整えた。
言葉より雄弁に、花で伝えたい時がある。

立花新風体　Rikka shimpu-tai
ラン、コクテール、白花まんさく、きょうちくとう、シュスラン、せきしょう
orchid ／ rose ／ Hamamelis ／ Nerium oleander ／ Goodyera ／ Acorus gramineus

はーるよ来い

掛けに使う竹の花器を置き生として、表情のあるバラをいけた。
左に大きく流れているのが真、上に伸びているのが副である。
軽やかな動きをこの作品の見せ場とした。

生花正風体　Shoka
バラ
rose

青春

高齢の先生から「さんしゅゆは"若衆"のようにいけなさい」と言われたことがある。
私が若いころ、元気に駆け回っていたことを思い出した。
この作品では、副を常より高くまで働かせ、しなやかに流している。『生花別伝』の中段流枝（副流枝）である。

生花正風体　Shoka
さんしゅゆ
Cornus officinalis

ひな祭り

赤と白の花器と、紅白の桃を合わせている。上部に桃の下枝を添えることでリズム感が出た。
二つの花器を調和させるため、白い花器の端に赤のオアシスを見せている。
金銀の花台をあしらうと、より華やかさが増した。

自由花　Free style
桃、菜の花、こでまり
peach ／ field mustard ／ Spiraea cantoniensis

貴婦人

こでまりのなびく性質を生かすため、背の高い花器を用いた。
下垂する枝を際立てるよう、オクロレウカを気負わせ、互いの性状を生かしている。
エレガントで貴婦人のような中央のアマゾンリリーが全体をまとめている。

立花新風体　Rikka shimpu-tai
アマゾンリリー、オクロレウカ、こでまり、クロトン、ヘリコニア、カルセオラリア、ゴッドセフィアナ
Amazon lily ／ Iris ochroleuca ／ Spiraea cantoniensis ／ croton ／ Heliconia ／ Calceolaria ／ Dracaena

未知との出合い

卒業式のころに咲く桃は、新たな出合いを連れてくる。
和と洋との花材の出合いが明るい雰囲気を醸し出す。
「花は花と花器の取合にて巧者不巧者も知るべし」(『定式巻』)とあるように、花器の色に桃を合わせた。

立花新風体　Rikka shimpu-tai
桃、ニューサイラン、ストレリチア、菜の花、金葉でまり、アゲラツム
peach ／ New Zealand flax ／ Strelitzia ／ field mustard ／ Physocarpus opulifolius 'Luteus' ／ Ageratum

これだ！

アンスリウムの黒と緑の葉を手に取った瞬間、「これだ！」とひらめいた。
立花新風体の形は、感動した花材がおのずと形を決定していく。この瞬間がたまらない。
この作品では花材の種類を少なくし、アンスリウムの持つさまざまな要素を生かして立てた。

立花新風体　Rikka shimpu-tai
アンスリウム、沖縄しゃが、はまゆう、れんぎょう、菊
Anthurium ／ Iridaceae ／ Crinum asiaticum ／ Forsythia ／ Chrysanthemum

凛として

山吹の伸びやかな姿を生かしたいと思った。
線的な要素を持つ主の山吹に、用として面的なカラテアを出合わせることで、色彩のコントラストを加えた。
さらに、ミスカンツスを添えて優しい風を表している。

生花新風体　Shoka shimpu-tai
山吹、カラテア、ミスカンツス
Kerria ／ Calathea ／ Miscanthus

幸せ探し

和花の藤と洋花のアンスリウムの緑葉が出合った、そこから何かが始まる。
そんなワクワク感を大事にしよう。色、動き、質感、イメージなど、さまざまな要素を考えながら、
藤の枝の上部へと視線をたどっていくと、枝先に希望が見える。幸せは身近にあるのだ。

立花新風体　Rikka shimpu-tai
藤、アンスリウム、沖縄しゃが、縞ふとい、なでしこ、やまなし、鳴子ゆり
Wisteria ／ Anthurium ／ Iridaceae ／ Scirpus tabernaemontani 'Zebrinus'／pink ／ wild apple ／ Solomon's seal

春の戯れ

五線譜を思わせるれんぎょうの枝が春風に戯れている。
花材にはいろいろな姿勢が潜んでおり、これを生かすのもいけばなの醍醐味。
花器口に逆の動きをするランの葉を使って際立てた。「程よくまとめて、程よく際立てる」ことで作品に深みが出てくる。

自由花　Free style
れんぎょう、ラン
Forsythia／orchid

あなたがいたから僕がいた

色、形が違う表情豊かなバラが一瓶の上で仲良く踊っている。僕たちは一人で生きていけない。
共に泣いたり、笑ったり、喜んだり、両手を大きくあげて深呼吸。
これからも皆さんと共に池坊いけばなを愛していこう。「We love Ikenobo」

春

立花新風体　Rikka shimpu-tai
バラ、沖縄しゃが、せきしょう、ゴールデンスティック、ドラセナ
rose ／ Iridaceae ／ Acorus gramineus ／ Craspedia globosa ／ Dracaena

藤娘

花房の下がった姿が何とも華やかでみやびな趣を感じさせる藤。
そのつるをベースに二色の花で構成した。

自由花　Free style
藤、なでしこ、山しだ、縞ふとい
Wisteria ／ pink ／ Dicranopteris linearis ／ Scirpus tabernaemontani 'Zebrinus'

明鏡止水

主の藤と、用に取り合わせたすがすがしい縞ふといの対応が見せ場である。
下段には、明るくみずみずしいカラーを用いてあしらいとした。
楽しい時には楽しい花がいけられるが、いつもそうではない。穏やかに花と向き合う水鏡のような心を持ち続けたい。

生花新風体　Shoka shimpu-tai
藤、縞ふとい、カラー
Wisteria ／ Scirpus tabernaemontani 'Zebrinus' ／ calla

空中散歩

二本のしゃくなげが楽しそうである。
上段側の大胆な動きに対し、下段の繊細な構成で、上下の呼応を試みている。
草木が花器口から下がる時には、素直で自然に垂れるように使うのが習いである。

立花新風体　Rikka shimpu-tai
しゃくなげ、雪柳、すすき、ヘリコニア、シュスラン、アゲラツム、きょうちくとう、せきしょう
Rhododendron／Spiraea thunbergii／eulalia／Heliconia／Goodyera／Ageratum／Nerium oleander／Acorus gramineus

幸せ探し

自由花には三つの素材がある。花材、加工素材、異質素材。
ここでは、加工素材であるさらしみつまたを使った。加工素材は水を必要としないので、表現の幅が広がる。
しかし、どのような時でも主役は命ある花材であることを忘れてはならない。

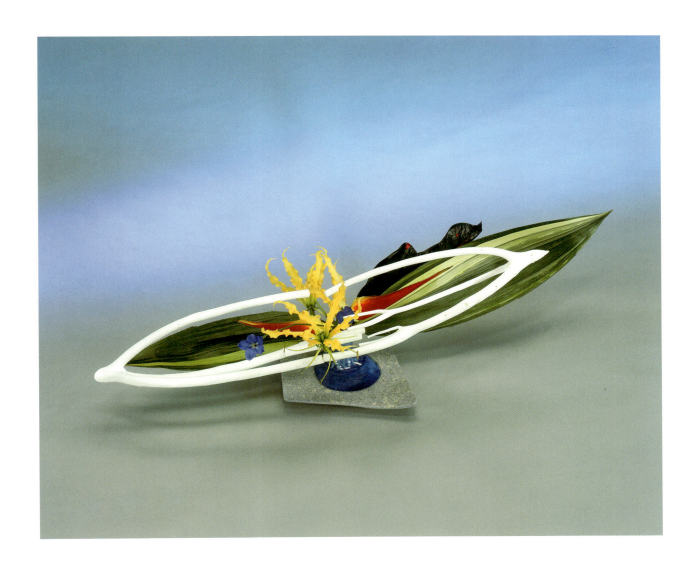

自由花　Free style
縞はらん、グロリオサ、ヘリコニア、クロトン、デルフィニウム、さらしみつまた
Aspidistra ／ Gloriosa ／ Heliconia ／ croton ／ Delfinium ／ paperbush

春の女神たち

四季の中でも春は最も華やかで躍動感溢れる季節。
なびくこでまりに、ぼけを気負わせて動きを対比させる。
下がるものと上がるものの出合いは、生き生きとした空間を作るための基本の一つである。

自由花　Free style
こでまり、ぼけ、菜の花
Spiraea cantoniensis ／ Japanese quince ／ field mustard

花追人

こでまりと赤芽柳の空間が見せ場である。
あしらいに用いた立ち伸びる一枚のアイリスの葉が空間に効果的に働き、
両者の間に緊張感が走る。

春

生花新風体　Shoka shimpu-tai
こでまり、赤芽柳、アイリス
Spiraea cantoniensis ／ willow ／ iris

バレリーナ

シャンパングラスに真紅のバラを同じ向きに並べると、それぞれの微妙な違いがよくわかる。
まるで真紅のドレスをまとったバレリーナのようだ。一つのシャンパングラスには花は入れず、
ピンクの色水のみで変化を求めている。作者のさまざまな思いを表すことが可能な自由花は、なんと楽しいのだろうか。

自由花　Free style
バラ、スチールグラス
rose ／ Xanthorrhoea

明日へのジャンプ

山吹が大きな曲を描き、大気に波及している。その他の花材は直線的に働かせ、互いを際立てる。
花器との構成について『池坊専応口伝』では、「口のひらきたる花瓶には、上にてひらかせ、中口の花瓶には中程にてひらかせ、細口には水ぎはにてひらかせ候てよく候」とあるが、まさにそうである。

立花新風体　Rikka shimpu-tai
山吹、ニューサイラン、黒ゆり、オクロレウカ、ヘリコニア、ういきょう、カラー
Kerria ／ New Zealand flax ／ chocolate lily ／ Iris ochroleuca ／ Heliconia ／ fennel ／ calla

夏
Summer

泥中の君子

蓮、かきつばたなどの水物で砂之物を立てる時は、黒の那智石を用い、
満々と清水を入れるのが習いである。泥中から伸び立ち、
清らかな花を咲かせる蓮は、高潔さの象徴。
この作品では、蓮に陸物の草花を添え、秋への移りを表した。

When creating a sunanomono with mizumono (water plants) such as lotus and Iris laevigata, it is common to put Nachi black stones in the vessel and pour clear water to fill to the brim. Lotus, which grows out of mud and blooms pure flowers, is a symbol of nobility. In this work, rikumono (land plants) are arranged with the lotus to show the transition of the season to autumn.

以荷花、燕子花等水物插作砂物時，習慣使用黑色的那智石，
並注入滿滿的清水。出淤泥而不染，高直清澄的荷花象徵品潔。
此作品以荷配上陸物的草花，表現秋季將至。

立花正風体　Rikka
蓮、すすき、ききょう、かきつばた、おみなえし、こうほね
lotus ／ eulalia ／ Japanese bellflower ／ Iris laevigata ／ Patrinia scabiosifolia ／ Nuphar japonicum

数すくなきは心深し

池坊の花は足していくのではなく、引き算の美学で、至純性を追求していくものである。
「数すくなきは心深し」ともいわれる。この作品では、かきつばたを三輪用い、
真、副、流枝の動きで全体を捉えている。現代の居住空間にも合う立花といえよう。

立花正風体　Rikka
かきつばた、こうほね
Iris laevigata ／ Nuphar japonicum

鶏寒上樹鴨寒下水 （とりさむくしてきにのぼり かもさむくしてみずにくだる）

夏

かきつばたの葉は扱いを変えると全体の趣が異なってくる。
前作と違い、真の後ろあしらいを大きく陰方に働かせ、見越を短くして空間を生かす。
また役枝の動きも求心、遠心を使い分けて単調にならないように心を配った。目指すものは同じだが、方法が違う。

立花正風体　Rikka
かきつばた、こうほね
Iris laevigata ／ Nuphar japonicum

デュエット

今日の主役は二輪のバラ。ドレスを揺らしながら白い舞台で歌っているかのよう。
そんなバラを生かすため、その他の配材は色、形、質の異なるものを用いている。

立花新風体　Rikka shimpu-tai
バラ、けむり草、るり玉あざみ、カラー、アンペライ、ゴールデンスティック、鳴子ゆり、きょうちくとう
rose／smoke tree／globe thistle／calla／Machaerina rubiginosa／Craspedia globosa／Solomon's seal／Nerium oleander

漣
さざなみ

夏

立花新風体では、新しい草木の表情を探るのも重要。
蓮の葉の裏に独特の質感があることを発見した。ここに蓮の花を添えると、生き生きとした表情を見せてくれる。
水物の背後に陸草を立て、大きく景観が広がると、水際に漣が起きたようだ。雨が来る。

立花新風体　Rikka shimpu-tai
蓮、すすき、かきつばた、こうほね、姫ゆり、けむり草
lotus ／ eulalia ／ Iris laevigata ／ Nuphar japonicum ／ star lily ／ smoke tree

パラダイス

ストレリチアは外来種であるが、最近では日本でも多く栽培されている。
いろいろな姿を見ることができ、その性状を生かして主役の枝に用いた。
作品は、『立華十九ヶ條』の「竹の胴」の活用として、アレカヤシを胴木とし、南国の景観を表現した。

立花正風体　Rikka
ストレリチア、ななかまど、アンスリウム、アレカヤシ、ゴッドセフィアナ、ホワイトスター、玉しだ、ウーリーブッシュ
Strelitzia ／ mountain ash ／ Anthurium ／ palm ／ Dracaena ／ Tweedia caerulea ／ sword fern ／ woolly bush

乾坤の変
けん こん

私たちは自然から学ぶことが多い。色の移ろいを見せるアンスリウムの葉を手にすると、
突風にあおられて裏向きになった様子が思い浮かんだ。その姿に何を合わせるか。
「乾坤の変は風雅の種なり」というが、この一瞬を見逃さず生かすことが新風体では大切だ。

夏

立花新風体　Rikka shimpu-tai
アンスリウム、縞ふとい、アレカヤシ、バラ、オクロレウカ、カラー、スモークグラス、レクス・ベゴニア
Anthurium／Scirpus tabernaemontani 'Zebrinus'／palm／rose／Iris ochroleuca／calla／Panicum capillare／Begonia

三世の界

『立華十九ヶ條』の蓮一色。泥中に咲く蓮を見ていると、自然と手を合わせたくなる。
紅白の蓮を用いる時は、白を高く紅を低くするのが習いである。
また、伝書には「胴鐘木葉裏を見るべし。小輪を高く。大輪をひきく挿べし」とある。

立花正風体　Rikka
蓮、こうほね
lotus ／ Nuphar japonicum

共に生きて

水物を取り合わせた立花新風体である。上段を大きく動かし、下段をかきつばたとこうほねで締めた。
陽の季節にふさわしい構成である。それぞれの花が効果的に働き、華やかさを演出している。

夏

立花新風体　Rikka shimpu-tai
蓮、かきつばた、オクロレウカ、こうほね
lotus ／ Iris laevigata ／ Iris ochroleuca ／ Nuphar japonicum

迦陵頻伽

『立華十九ヶ條』の一色物には三木四草があり、四草の一つが蓮一色である。
三世（過去＝朽葉、蓮肉）（現在＝開葉、開花）（未来＝蕾、鐘木葉、巻葉）を取り合わせ、
配置・構成すると作品から美しい水鳥の鳴き声が聞こえてきそうだ。

立花正風体 Rikka
蓮、こうほね
lotus ／ Nuphar japonicum

塞翁が馬
さい おう

アレカヤシを見ていると、いろいろな姿が見えてくる。葉の大小は当然ながら、色の変化にも魅力を感じる。
この作品では、当初枯れたアレカヤシの扱いに迷ったが、黄緑の葉の背後に用いると、思いもよらない効果が出た。
まさに、塞翁が馬。

夏

立花新風体　Rikka shimpu-tai
アレカヤシ、花とうがらし、ヘリコニア、セイロンライティア
palm ／ Capsicum ／ Heliconia ／ Ceylon wrightia

風雅

『生花別伝』にある上中下三段流枝の一つで、上段流枝である。
真が変化するとすべての枝は動き、誘引されていく。
この作品では、副と体を締めて用いている。

生花正風体　Shoka
かきつばた
Iris laevigata

楽園

暑い季節には思い切り暑さを感じる花をいけたい。
南国に咲くハイビスカスを主にすれば、涼しげな風を送りたくなる。青空のような色をした花器に、
おおらかに広がるすすきの内側をハイビスカスと同じ黄色のヘリコニアで締め、全体を調和させた。

夏

立花新風体　Rikka shimpu-tai
ハイビスカス、縞すすき、ヘリコニア、日々草、ミルクブッシュ、アジアンタム、花とうがらし
Hibiscus ／ zebra grass ／ Heliconia ／ Madagascar periwinkle ／ Euphorbia tirucalli ／ maidenhair fern ／ Capsicum

優美玄妙

かきつばたは花をいけるというより葉をいけるといわれ、
葉のさばきが重要なことはいうまでもないが、半陰半陽として「斜(はす)」に用いることで、
かきつばたに品格と格調が出てくる。また、花も微妙な表情を見せる。

生花正風体　Shoka
かきつばた
Iris laevigata

振り返ればいつも

夏

暑い季節、モダンな空間に飾る立花は、軽やかでシンプルなものが合う。
水物であるカラーの大小、色違いを用い、また葉も大小を取り合わせた。
全体は左流枝の手法でアンバランスの中にバランスを取る。なびくオクロレウカに涼風を感じてもらいたい。

立花正風体　Rikka
カラー、しゃが、縞ふとい、オクロレウカ、なでしこ
calla ／ Iris japonica ／ Scirpus tabernaemontani 'Zebrinus' ／ Iris ochroleuca ／ pink

呼応

夏の代表的な生花で、魚道生と呼ばれている。雄株に縞ふといを用いて真、副、体座とし、雌株はかきつばたで体とした。この体にもまた三儀が必要である。雄株と雌株を呼応させ、その間をゆったりと小魚が泳ぐように見せる。花器の高台の上に二株を置くのが習いである。

生花正風体　Shoka
縞ふとい、かきつばた
Scirpus tabernaemontani 'Zebrinus'／Iris laevigata

一筆申し上げます

『花王以来の花伝書』に「ツクエ花」がある。
現代でも机の上に花があると、ふっと手紙を書いてみたくなる。
最近はスマートフォンの時代だが、時にはペンや筆を手に、思いを巡らせるのも良いものだ。

夏

自由花　Free style
マンデビラ、まさき、しきん唐松
Mandevilla ／ Japanese spindle ／ Thalictrum rochebrunianum

花の輪舞(ロンド)

モダンなガラスプレートを見つけた。水入れを工夫していけてみる。
二輪のなでしこやグリーンネックレスを踊っているように配置していく。
リビングのテーブルに飾って上から見れば、楽しい会話が弾むことだろう。

自由花　Free style
グリーンネックレス、るり玉あざみ、なでしこ、セイロンライティア
Senecio rowleyanus ／ globe thistle ／ pink ／ Ceylon wrightia

いまだ醒めやらず

砂鉢にいける蓮の生花である。真、副、体には開葉の大中小を配置。花は蕾を高く、開花は低く、朽葉は後ろ、下段に使う。蓮肉の古いものは副の下、花が散ったばかりのものは副の内に用いる。蓮は撓めにくい草物で、水際も整えにくい。そのため、巻き葉で水際の締まりを補うこともある。

生花正風体　Shoka
蓮
lotus

清らかに

親友から借りた白くて丸い花器に、鉢植えのセイロンライティアをいけた。
この作品では、体の花材の選択が重要である。
ちなみに生花正風体では、体の使いが作品の良否を決定することが多い。

生花正風体　Shoka
セイロンライティア
Ceylon wrightia

偶然の必然

てっせんがこの作品の見どころである。思うようにならず垂れてくるが、
葉を取るとてっせんの枝が留まった。落ち着いたところで表情を探りながら、せきしょうを足していく。
いけばなには、花材の選択と技術、そして偶然を楽しむ心のゆとりが必要だ。

夏

自由花　Free style
せきしょう、てっせん、オンシディウム
Acorus gramineus ／ Clematis ／ Oncidium (orchid)

ちょっとひとやすみ

梅雨間近、たまにはさりげない自由花を家に飾りたいと思った。
こんな時は花で自分を元気づけたいのかもしれない。透明のガラス花器にあじさいを主体にいける。
花留はブルーのワイヤー。花器との一体感を出すため、底まで延ばしてみた。今日は良いことがありそうだ。

自由花　Free style
あじさい、矢筈すすき、ちんしばい、姫ゆり、るり玉あざみ
Hydrangea ／ eulalia ／ Sorbaria kirilowii ／ star lily ／ globe thistle

同級生

小学生のころ、仲の良い友達と登下校するのが楽しかった。
そんな気持ちを、丸く優しい色合いの花器を二つ用いて表現している。
花の色と表情を調和させ、内側に使った黄色のまさきが二つの花器を結び付ける重要な働きをしている。

夏

自由花　Free style
カラー、オクロレウカ、グリーントリフ、まさき、デルフィニウム
calla ／ Iris ochroleuca ／ Dianthus ／ Japanese spindle ／ Delfinium

雨宿り

葉を裏向きに使い、中ほどを少しだけ破り、「風叩き」としている。
大きな葉の下でエリカの花が雨宿り。
雨音の音符を添えて、楽しそうな話し声が聞こえてくる。

生花新風体　Shoka shimpu-tai
エリカ、カラテア、ストレリチア
heath ／ Calathea ／ Strelitzia

拈華微笑
ねんげみしょう

お釈迦様が蓮の花をひねると弟子の迦葉がほほ笑んだ。
かしょう
これは、以心伝心の教えを説いたもので、『池坊専応口伝』にも記されている。現代でも空気を読むことは大切だと思う。
「ひとの心花なりける」。散華の中より伸び立つ巻き葉は、未来へと向かっている。

夏

自由花　Free style
蓮
Lotus

出生を見定める

最近、花屋の店頭では外来種などの色鮮やかな花材をよく見かける。
このストレリチアのように、花と葉があるものは一種生にすると格調が出る。
この時、大事なのが出生である。この種は和合した葉の外に花が生じるので、それをいけ表すのを習いとする。

生花正風体　Shoka
ストレリチア
Strelitzia

語らい

夏

何かを楽しげに語らうように、二輪のたちあおいが立っている。
花の色を引き立たせるため、下段は暗い色で締め、黄色の葉がたちあおいの横を通り、上方に伸び上がる。
黄色は幸せを表す色という。二人に幸せが訪れますように。

立花新風体　Rikka shimpu-tai
たちあおい、オクロレウカ、えのころ草、縞すすき、ドラセナ、ヘリコニア、るり玉あざみ、セイロンライティア、スモークグラス
hollyhock ／ Iris ochroleuca ／ foxtail grass ／ zebra grass ／ Dracaena ／ Heliconia ／ globe thistle ／ Ceylon wrightia ／ Panicum capillare

おもむくままに

竹製の細身の花器。そのため構成と花材には吟味が必要である。かつては掛けとした。
アスパラガスは細くて思い通りの所には収まらない。
そのため葉を落とし軽くすると、ここだという所で枝が収まる時がある。その後は自分を信じて。

生花正風体　Shoka
アスパラガス、ブルーキャッツアイ
Asparagus／Otacanthus caeruleus

平常心

二つの花器口に緑葉の蓮を挿し、その後ろに黄色や裏向きの葉を添えて時の流れを表した。
花も人の心も、移ろいゆくもの。だからこそ花をいけて心を整えたい。
下段の二枚のすすきがゆったりとなびき、白の日々草が穏やかな心を取り戻してくれる。

夏

自由花　Free style
蓮、おみなえし、すすき、日々草、ゴールデンスティック、グロリオサ
lotus ／ Patrinia scabiosifolia ／ eulalia ／ Madagascar periwinkle ／ Craspedia globosa ／ Gloriosa

Summer time

マニラを訪れた時にいただいた、パイナップルの繊維で作られた花器にいけた。
色の多い花器に構成するのは難しいが、花材の色を抑えると調和する。
この作品では、現地で思い出深かった小さなライムポトスを効かせた。

自由花　Free style
ヤシ、アレカヤシ、グロリオサ、オーガスタ、ゆうぎり草、ライムポトス、ゴールデンスティック
palm ／ palm ／ Gloriosa ／ Strelitzia augusta ／ throatwort ／ lime pothos ／ Craspedia globosa

笑顔デイコウ

夏の日差しを浴び、すっくと伸び上がるたちあおいがこの作品の主役。
笑顔で何かに向かっている姿に見え、美しさを感じる。花からいただくパワー。
人はいつも花に助けられてきた。いけばなで花への感謝を表すことのできるわれわれは幸せだ。

夏

立花正風体　Rikka
たちあおい、縞すすき、かきつばた、鳴子ゆり、おみなえし、デルフィニウム
hollyhock ／ zebra grass ／ Iris laevigata ／ Solomon's seal ／ Patrinia scabiosifolia ／ Delfinium

Autumn

秋月名器掲

竹墨とステンレスを組み合わせた花器にもみじをいけた。
色の移りを黒で、時の移りを鏡面で効果的に。
もみじに椿の花を合わせるのは古くからの習い。
池坊の美感を後世に継ぐとともに、現代的な感覚を加えている。

Maple is placed in a stainless vase combined with bamboo charcoal. The changing color is represented effectively by the black color, and the transition of time by the mirror. It is the custom of Ikenobo to use camellia with maple. As well as possessing a contemporary aspect, this work is passing on Ikenobo's aesthetic values to future generations.

在竹墨與不鏽鋼組合成的花器插上紅葉。
以黑呈現色彩變遷，以鏡面表達時代更迭，非常具有效果。
紅葉配上茶花是自古以來的慣習。
將池坊的美感傳予後世的同時，也添上了現代感。

自由花　Free style
もみじ、椿、オクロレウカ
maple／camellia／Iris ochroleuca

南山打鼓北山舞 （なんざんにくをうてば ほくざんにまう）

おおらかなつるうめもどきの動きを下段の紅葉したまんさくが受け止めている。
打てば響く思いを形に。全山に広がる錦秋をテーマにした立花である。

立花正風体　Rikka
つるうめもどき、菊、ひのき、オクロレウカ、松、まんさく、つげ、りんどう、玉しだ、しゃが
Oriental bittersweet ／ Chrysanthemum ／ Chamaecyparis obtusa ／ Iris ochroleuca ／ pine ／ Japanese witch hazel ／ box tree ／ gentian ／ sword fern ／ Iris japonica

ダイナミズム

二代専好の作品に影響を受け、ときわすすきのおおらかな動きを見せ場とした。
鎌を振り上げたような姿が秋の夕日にダイナミックに映えるよう、
左への動きを下段右側に使った松で対応させている。

秋

立花正風体　Rikka
ときわすすき、けいとう、ききょう、曝木、松、かきつばた、ひおうぎ、まさき、玉しだ、なでしこ、おみなえし
Miscanthus floridulus ／ common cockscomb ／ Japanese bellflower ／ weather-beaten wood ／ pine ／ Iris laevigata ／ blackberry lily ／ Japanese spindle ／ sword fern ／ pink ／ Patrinia scabiosifolia

吹き分け

『花王以来の花伝書』に「吹分花」がある。
秋、野分の風が通り過ぎた後に美しい夕焼けが訪れる。雲の残照がまんさくを染めた。
そんな色の移りをドラマチックに表してみたい。大いなる自然はいつも想像をかき立ててくれる。

立花新風体　Rikka shimpu-tai
パープル・ファウンテングラス、かるかや、すすき、いぶき、ききょう、まんさく
Pennisetum ／ Themeda ／ eulalia ／ Chinese juniper ／ Japanese bellflower ／ Japanese witch hazel

風立ちぬ

一瞬の風につるうめもどきと一枚のすすきが揺れ、二つの線が交わった。
その間は近すぎても窮屈、遠すぎても間が空いて見える。
判断は自分の勘を信じるしかないが、それさえも秋風は変えていく。

秋

立花新風体　Rikka shimpu-tai
つるうめもどき、すすき、カラディウム、ヘリコニア、パンパスグラス、ききょう、おみなえし、松
Oriental bittersweet／eulalia／Caladium／Heliconia／pampas grass／Japanese bellflower／Patrinia scabiosifolia／pine

上を向いて歩こう

われわれは花から元気をもらうことが多い。カモミールの花言葉は「逆境で生まれる力」だそう。
一見優しく弱そうに見えるが、実際には強い花で芯のしっかりした女性を思わせる。
ここでは、黒く着色したとげのあるからたちと出合わせ、カモミールの前向きな意志を表した。

自由花　Free style
からたち、カモミール、ヒペリクム、菜の花
trifoliata orange ／ chamomile ／ Hypericum ／ field mustard

花意竹情
かいちくじょう

主のひおうぎのおおらかな動きに、葉を取った夏はぜを合わせて、
背後に紅葉したまんさくの葉を用とすると、お互いが際立った。
草木の美を見いだすのは人の心以外にはない。

秋

立花新風体　Rikka shimpu-tai
ひおうぎ、夏はぜ、まんさく、ミラ、つるうめもどき
blackberry lily ／ Vaccinium oldhamii ／ Japanese witch hazel ／ Milla biflora ／ Oriental bittersweet

雁が音

空の高みを雁の一群が飛んでくる。
それを見上げる糸菊を主、すすきを用とした。背後の紅葉した雪柳がさらに秋を呼んでいる。
さらに、陶製の花器を用い、上下の調和を図った。

生花新風体　Shoka shimpu-tai
糸菊、すすき、雪柳
Chrysanthemum ／ eulalia ／ Spiraea thunbergii

セレンディピティ

何をいけようか迷っていると、散歩中に枯れかかったオーガスタの葉に出合った。
一生懸命になると、目の前が一瞬、明るくなることがある。これがセレンディピティ。
偶然は必死になった人にのみ訪れるという。

秋

生花新風体　Shoka shimpu-tai
オーガスタ、オクロレウカ、グロリオサ
Strelitzia augusta ／ Iris ochroleuca ／ Gloriosa

静寂

モノトーンの和紙を花器に巻いたら、静かでひたむきな雰囲気が出てきた。
この舞台に二輪の白いコチョウランが入ったことで命が吹き込まれ、秘めた思いが伝わってくる。

自由花　Free style
かすみ草、コチョウラン、カラー、オクロレウカ、さんきらい、デルフィニウム
Gypsophila ／ Phalaenopsis aphrodite (orchid) ／ calla ／ Iris ochroleuca ／ greenbrier ／ Delfinium

秋高し

最近では、菊は一年中手に入れることができるが、何といっても秋の菊は色鮮やかで芳香を放ち、生き生きとした表情を見せてくれる。作品は、さまざまな表情の菊を取り合わせ、つるうめもどきで空間にめりはりを付けた。表情を明確にするために二種のみで立てている。

秋

立花新風体　Rikka shimpu-tai
菊、つるうめもどき
Chrysanthemum ／ Oriental bittersweet

彼女に何が起こったのか

きれいなだけが花ではない。優しいだけでも華がない。
とげのあるレインダーワトルの背後にサンセヴィエリアを入れて、お互いを際立て合ったところで主役のバラの登場。
見る人の想像をかき立てるミステリアスな自由花である。

自由花　Free style
バラ、レインダーワトル、サンセヴィエリア、花とうがらし、ユーカリ
rose ／ Acasia ／ Sansevieria ／ Capsicum ／ Eucalyptus

優しい関係

すすきと日々草の交ぜ生で、両者の優しい花材が融合していることが重要だ。
二つの花材は挿し口は別々だが、上段で交わり、それぞれに三儀がある。

生花正風体　Shoka
すすき、日々草
eulalia ／ Madagascar periwinkle

オマージュを込めて

花は絵の具のように混ぜることはできない。重ねるか並べるかである。
その中で粗密や大小、明暗、質の対比などを考慮しながらいけなければならない。
作品は、パウル・クレーの絵へのオマージュを込めた。

自由花　Free style
ジューンベリー、てっせん、オンシディウム
Amelanchier canadensis ／ Clematis ／ Oncidium (orchid)

玉手箱

黄色とオレンジのけいとうの茎を覆うようにレンズシートを巻くと、想像もしない雰囲気になった。
このシートの中には何があるのだろうか……少しだけのぞいてみたくなる。
玉手箱を開けるようで、心が躍る。

秋

自由花　Free style
けいとう、花とうがらし、すすき
common cockscomb ／ Capsicum ／ eulalia

乱れ菊

この季節、わが家の庭先には色とりどりの菊が一斉に咲き乱れる。
命が溢れるようにいけたいと思った。黒と朱色の花器でみやびな風情を出して。
花器と敷板の合わせ方として、「丸には四角を」との教えがある。

自由花　Free style
菊
Chrysanthemum

心を重ね

温室で育つバラに自分の心を重ね、前後左右に動かすと驚くほどすてきな表情に出合うことがある。
この瞬間のバラが主である。長短を付けた黄色のオクロレウカを用として、お互いを際立たせる。
あしらいには、秋を感じさせるつるうめもどきを用いている。

秋

生花新風体　Shoka shimpu-tai
バラ、オクロレウカ、つるうめもどき
rose ／ Iris ochroleuca ／ Oriental bittersweet

大人の時間

黒と白の出合いからは秘めた思いが伝わってくる。
ベアグラスの柔らかななびきを素直に生かし、一本一本入れながら、空間を創っていく。
逆方向に入れた大胆な一本が、全体の動きを際立たせている。

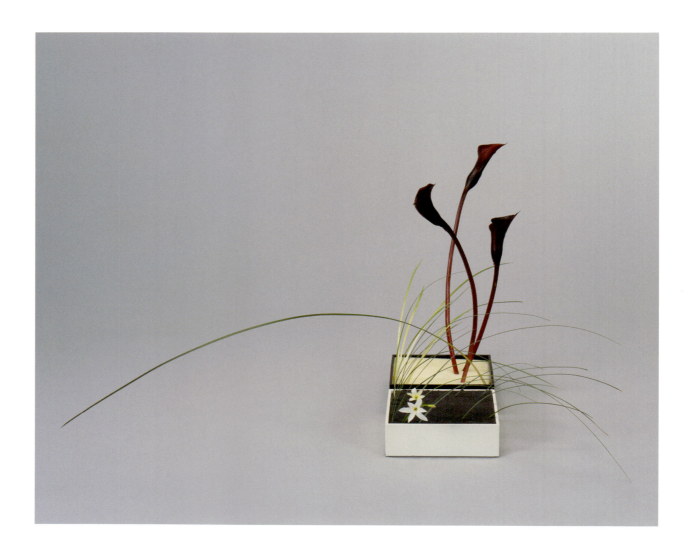

自由花　Free style
カラー、ベアグラス、レウココリネ
calla ／ bear grass ／ Leucocoryne

初霜

竹製のこの花器は尺八と呼ばれ、本来は掛けの花器である。
真は右になびく菊で、副を立ち昇らせることでお互いを呼応させ、深まりゆく秋の静謐(せいひつ)な風情を表した。
菊は撓めにくいため、表情を捉えて自然の曲がりを生かすことが大切である。

秋

生花正風体　Shoka
菊
Chrysanthemum

Winter

雪後の天

厳寒の風雪に耐えながら花を付ける梅。だからこそ咲く時は清香を放つ。
私たちもこうありたいと願う。この作品では、三世を表す苔木、枝、ずわえを用い、
花を最小にすることで冴え冴えした姿を表している。

Japanese plums bloom while weathering the hardships of freezing winters. That is why they give off such a pure scent when blooming. I wish we, people, could also live our lives in some way like them. In this work, mossed lower part, central part, and young tip of each branch, which represent three different moments in time (past, present, and future), are used, as well the clear foliage of the plum tree, emphasized by a minimal number of blossoms.

梅花正因在嚴寒風雪中綻放，所以散發清香。
希望我們也能如同梅花一般。此作品使用苔木、梅枝與直立的若枝表現過去、現在與未來三世，
將花朵數精到最簡，呈現凜然清高的姿態。

生花正風体　Shoka
梅
Japanese plum

113

心のままに

立花の胴に使うことの多いメリーを高く使い、おおらかに伸び上がらせた。
不思議なフォルムが新しい魅力に映る。赤柳を添えて色のコントラストを付け、
下段にコチョウランを用いることで、メリーをより強調している。

立花新風体　Rikka shimpu-tai
メリー、赤柳、コチョウラン、パイナップルリーフ、とらふアナナス、かすみ草、ゴールデンスティック、ユーカリ
Asparagus 'Myers' ／ willow ／ Phalaenopsis aphrodite（orchid） ／ pineapple ／ Vriesea splendens ／ Gypsophila ／ Craspedia globosa ／ Eucalyptus

たまゆら

春を待つ間のわずかな時間、二輪の椿が交わした言葉は、草木だけが知っている。
そんな気持ちで立てることのできる新風体は常に変幻自在。
しかし、水際は締めて立花の格を求めたいものだ。

冬

立花新風体　Rikka shimpu-tai
椿、赤芽柳、水仙、松、菜の花
camellia ／ Salix ／ narcissus ／ pine ／ field mustard

絆

世界の平和と幸せを願うという「四海波」の花器に水仙をいけた。
従来の三本生とは異なり、真の前に使われた株の二枚の葉が、真の前の空間に働いている。
三本生の根組は前から体、副、真である。

生花正風体　Shoka
水仙
narcissus

こずえの先に見えるもの

梅は「百花の魁（さきがけ）」。百花に先駆けて春の到来を告げる花といわれている。
人は梅に明るい未来を見る。ここでは紅梅で作品を構成し、華やかさを求めた。
一輪の白梅と山しだの緑が欠かせない重要な働きをしている。

自由花　Free style
梅、山しだ
Japanese plum ／ Dicranopteris linearis

悠久の風

うぶの老松を真と左流枝に用いた。左流枝は『立華十九ヶ條』にある三ヶ流枝の一つ。
流枝が見せ場であるため、請の曝木で陰方を強くし、流枝に呼応させている。
また、大内見越の柳が作品全体におおらかさを与えている。その場合、副を軽くするのが習いである。

立花正風体　Rikka
松、柳、さんしゅゆ、曝木、いぶき、椿、つげ、なでしこ、アイリス、オクロレウカ
pine／willow／Cornus officinalis／weather-beaten wood／Chinese juniper／camellia／box tree／pink／iris／Iris ochroleuca

遊び心

自由花の発想の一つに遊び心がある。

幼子の目で周囲を見渡せば、出合いは至る所にあり、無限の引き出しを持つことができる。

私たちも幼い子どものように心のフィルターを「サラサラ」にしてみよう。この作品は、盆山を意識していけた。

冬

自由花　Free style
うらじろ、コチョウラン、ヒペリクム
Gleichenia ／ Phalaenopsis aphrodite (orchid) ／ Hypericum

乾坤一擲
けんこんいってき

しだれ柳は奈良時代に渡来したといわれ、一般に柳といえばしだれ柳を指すそうだ。
この作品では、上段を大きくゆったりとした空間として捉え、副の柳は細やかな扱いにし、調和させる。
体に使われた椿の扱いは難しいものだが、葉の一枚一枚に心を配って構成する。

生花正風体　Shoka
柳、椿
willow ／ camellia

耐雪梅花麗（ゆきにたえて ばいかうるわし）

厳しい冬に耐えて咲く梅の蕾は一途な強さに溢れており、これを生かしたいと思った。
人が花に心を寄せることが、いけばなの原点である。この作品では、真、請、控枝に紅白の梅を配置し、
三ヶ所遣いとした。副の老松を下に向けることで、真に使った梅の伸びやかさを強調している。

立花正風体　Rikka
梅、松、ひのき、つげ、椿、水仙、菊
Japanese plum ／ pine ／ Chamaecyparis obtusa ／ box tree ／ camellia ／ narcissus ／ Chrysanthemum

月光

梅には月の掛け軸が合うと聞いたことがある。
月の光が当たると、鋭角に出る枝の力強さが強調されるからであろうか。
この作品では、空に向かって斜めに使った梅に、冬の厳しさと春への希望を託した。

立花新風体　Rikka shimpu-tai
梅、曝木、水仙、グロリオサ、菜の花、松、つげ
Japanese plum ／ weather-beaten wood ／ narcissus ／ Gloriosa ／ field mustard ／ pine ／ box tree

ようこそ

主の椿は、霜よけの葉で、突然やってくる寒さから身を守っている。
しかし、昼間の日差しは春がそこまでやって来ていることを感じさせる陽気である。
この作品では、春の訪れを用の赤柳で伸びやかに表現した。

生花新風体　Shoka shimpu-tai
椿、赤柳、ヘリコニア
camellia ／ willow ／ Heliconia

無口な二人

二輪の椿を柳が包み込む。
優しい空間の中、目と目で互いを理解するように、無口ほど雄弁なものはない。。
この作品では、花器の内側の枝が重要な働きをしている。手で隠して見るとよくわかる。

自由花　Free style
柳、椿、こでまり
willow ／ camellia ／ Spiraea cantoniensis

粉雪舞う朝

かすみ草に抱かれたランが粉雪舞う向こうに消えていきそうで愛おしい。
一本のスチールグラスがランの思いを効果的に生かしている。
「草木色を忘れて味を知るべし」と、立花を大成した二代専好は言われた。

立花新風体　Rikka shimpu-tai
かすみ草、はまゆう、ラン、シンフォリカルポス、スチールグラス、フィロデンドロン、ヘリコニア、菊
Gypsophila／Crinum asiaticum／orchid／Symphoricarpos／Xanthorrhoea／Philodendron／Heliconia／Chrysanthemum

祈り

若松の直真である。古来、松は神仏の依代(よりしろ)として崇拝されてきた。
作品では、柳と伸び上がるランが対応することで両者が生かされ、見せ場となっている。
直真には「風流を好まず」という教えがあるため、すべての花材を素直に用いている。

立花正風体　Rikka
松、柳、水仙、ラン、雪柳、せんりょう、つげ、小菊、玉しだ
pine／willow／narcissus／orchid／Spiraea thunbergii／Sarcandra glabra／box tree／small chrysanthemum／sword fern

迎春

元旦に飾る掛け花である。現代的なしめ縄におめでたい花材を出合わせた。
水仙の葉をひとねじり半にさばき、右に流したところに自分らしさを表し、新春を寿ぐ。
皆さんにとって良い一年でありますように、との思いを込めて。

冬

自由花　Free style
せんりょう、松、梅、葉ぼたん、水仙
Sarcandra glabra ／ pine ／ Japanese plum ／ flowering cabbage ／ narcissus

森部 隆（もりべたかし）

1952年 3月21日、福岡県朝倉郡生まれ
1972年 池坊入門、船嶋一甫先生に師事
2010年 池坊中央研修学院教授

池坊いけばな作品集

華浪漫

2017年10月5日　第1版第1刷発行
2018年2月26日　第1版第2刷発行

監　　修	池坊専永
著　　者	森部隆
発 行 者	池坊雅史
発 行 所	株式会社日本華道社
	京都市中京区烏丸三条下ル　池坊内
	Tel.075-223-0613
編　　集	日本華道社編集部
撮　　影	木村尚達
デザイン	株式会社ワード
印刷・製本	岡村印刷工業株式会社

Ⓒ Takashi Moribe 2017 Printed in Japan
定価はカバーに表示してあります。

本書のコピー・スキャン・デジタル化等の無断複製を禁じます。
乱丁・落丁本はお取り替えいたします。